CW01203086

TEXTO DE
JOSÉ FANHA
ESDRÚXULAS,
GRAVES E AGUDAS,
MAGRINHAS
E BARRIGUDAS

ILUSTRAÇÕES
AFONSO CRUZ

gramofone

Texto

Este livro pertence a
....

Foi oferecido por
....

No dia
....

CANTIGA AGUDA	10
O ACENTO AGUDO QUE QUERIA SER TIL	12
CANTIGA GRAVE	14
CANTIGA ESDRÚXULA	16
CANÇÃO CIRCUNFLEXA	18
UM OLHO ROXO E O OUTRO COR DE LARANJA	23
ROMANCE DAS CATATUAS DE LISBOA	28
UMA CANTIGA EM MALUQUÊS	30
CANTIGA PARA AS MINHAS FILHAS	33

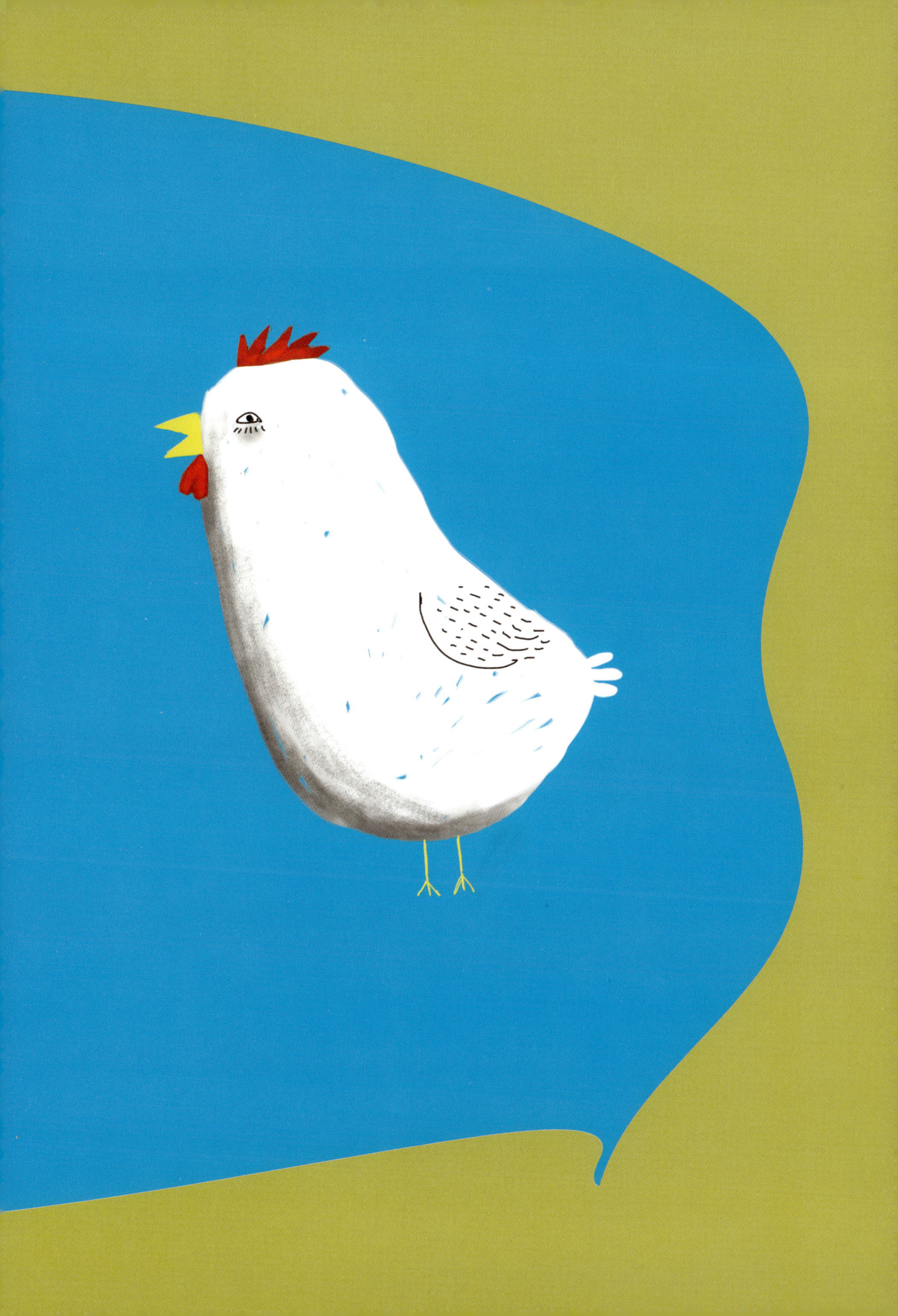

CANTIGA AGUDA

Quem vai quem vem
de Santarém a Belém
quem vem quem vai
de Belém ao Paraguai
do Paraguai ao Brasil
do Brasil ao Paquistão
do Paquistão ao Estoril
à partida era só um
à chegada mais de mil.

Quem foi quem está
na tenda do Mustafá
quem está quem foi
que comeu mais do que um boi
foi o Francisco Luís
um que andava todo nu
lá para os lados de Esmoriz
a tocar furum-fum-fum
a cavalo num peru.

Quem vê quem traz
a pomba branca da paz
quem traz quem vê
três letrinhas A Bê Cê
com que envio ao meu amor
a cavalo num corcel
um beijinho e uma flor
e um carinho cor de mel.

Fuum–fum–fum.

PAIXÃO

O ACENTO AGUDO QUE QUERIA SER TIL

Era uma vez um acento agudo que sonhava ser til e por isso passava o dia deitado e a andar com a barriga para cima e para baixo.

Nós, os outros acentos, bem podíamos puxá-lo, empurrá-lo, incliná-lo para a direita. Mas nada. Fomos até buscar palavras lindas como CAFÉ, BARNABÉ, JACARANDÁ, TRISAVÓ, PÃO-DE-LÓ...

Mal o púnhamos ao alto da palavra, na posição certa, ele deixava-se cair e lá se punha a andar com a barriga para cima e para baixo, mais parecia as bossas de um camelo a caminhar no deserto.

— Eu quero ser um til! — dizia ele.

— Mas não és! Tu és um acento agudo como o teu pai e a tua mãe.

— Não me interessa nada disso! Já disse que quero ser um til e vou treinar até ser mesmo um til.

Era mesmo teimoso o raio do acento agudo! E é claro que não conseguia ser um til porque, mal subia para cima de palavras como CAMÕES, PANTALEÃO ou GUIMARÃES, escorregava e vinha parar ao chão.

Mesmo assim não desistia. Barriga para cima, barriga para baixo, treinava sem parar, sempre com o sonho impossível de vir a ser um til.

Um dia, estava o nosso acento agudo a treinar, barriga para cima, barriga para baixo, quando viu aproximar-se uma minhoca verde linda. Vinha a minhocar tal e qual como ele, barriga para cima, barriga para baixo…

O acento agudo piscou o olho à minhoca verde. Ela sorriu-lhe timidamente e apaixonaram-se perdidamente um pelo outro.

Pouco tempo depois, o acento agudo desistiu de ser um til e pediu a minhoca verde em casamento.

Casaram-se, foram felizes para sempre e tiveram vários filhos a quem deram os nomes de Gastão, Sebastião, Simão e João.

CANTIGA GRAVE

É grave é muito grave
se uma serpente sonha ser uma galinha
se a galinha sonha ser um elefante
se o elefante sonha ser uma gatinha
e se a gatinha sonha ser um lavagante.

É grave é muito grave
se o lavagante sonha ser uma corvina
e se a corvina sonha ser uma baleia
se a baleia sonha ser uma menina
e se a menina sonha ser uma sereia.

É grave é muito grave
se a sereia sonha ser uma girafa
e se a girafa sonha ser uma cantora
se a cantora sonha ser uma garrafa
e se a garrafa sonha ser uma vassoura.

É grave é muito grave
mas porque será tão grave é que eu não sei
por isso vou estudar e vou depressa
e assim que o souber já vos direi.

Uma galinha até pode ser comida por um sonho.

CANTIGA ESDRÚXULA

A Mónica
tinha uma máquina
e tinha uma mágica
e tinha uma métrica
e tinha uma música
e tinha uma tónica
mesmo no meio da
cabeça.

A Mónica
tinha um diário
e tinha um herbário
e tinha um sumário
e tinha uma túnica
e tinha uma tónica
mesmo no meio da
cabeça.

A Mónica
tinha uma hortênsia
e tinha uma dália
e tinha uma urgência
e tinha uma história
e tinha uma tónica
mesmo no meio da
cabeça.

No alto da tónica
a Mónica
teve uma cócega
e pôs-se a coçar a coçar a coçar
com força com raiva e irritação
e a tónica caiu ao chão.

uma **tónica**
a prender o
cabelo.

CANÇÃO CIRCUNFLEXA

Virgulinho e Virgulinha
os dois juntos pela tardinha
tal e qual uma andorinha
puseram-se a viajar.

Através dos continentes
viram casas viram gentes
muito iguais muito diferentes.
Foram chapéu em Pequim
de um distinto mandarim
e em Paris foram pousar
no alto da Torre Eiffel.

Mas cansados de voar
Virgulinho e Virgulinha
resolveram descansar
por baixo do narigão
da estátua de um militar
ali ao sol a brilhar
todo feito de metal
e mesmo a meio da praça
com jeitinho natural
Virgulinho e Virgulinha
transformaram-se num ai
na enorme bigodaça
do antigo general.

circunflexo de Mandarim.

E ao chegar ao fim do dia
circunflexos e cansados
de tanto ter viajado
regressaram ao pombal
ou melhor, à residência
que lhes é mais natural
por cima dessas palavras
que precisam de um acento
da protecção de um chapéu
para viverem a contento
escaparem de sol e vento
não terem de andar ao léu.

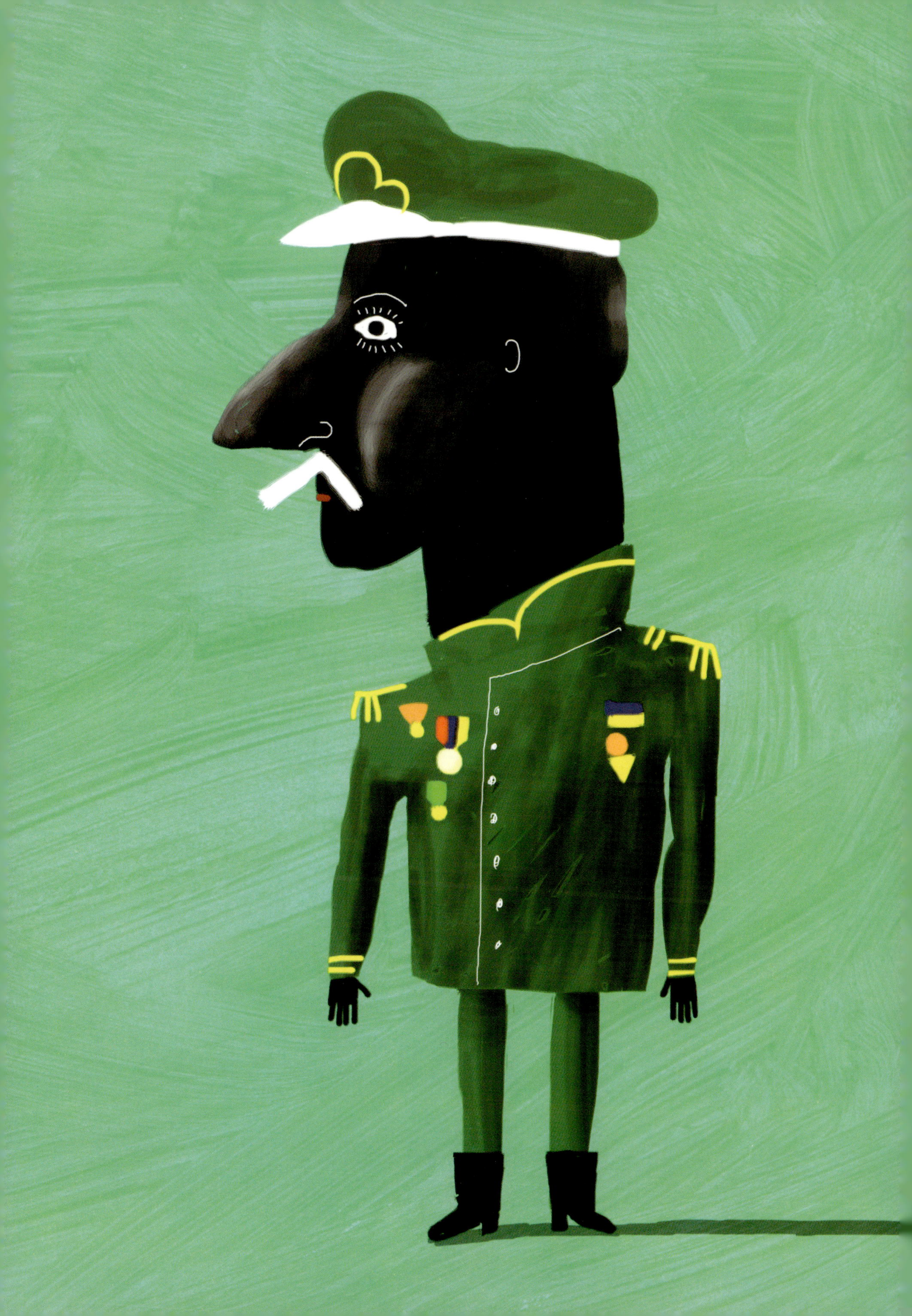

ofélialibélula, etc.

UM OLHO ROXO
E O OUTRO COR DE LARANJA

Ela tinha uns caracóis que lhe caíam em cataratas douradas sobre os ombros, e tinha um olho roxo e outro cor de laranja.

Devo confessar que sempre tive um fraquinho por raparigas com um olho roxo e outro cor de laranja e, por isso, apaixonei-me por ela, mal a vi.

Acho que ela também gostou de mim. Pelo menos gostou das minhas sardas, que são exactamente da cor daquelas pastilhinhas de chocolate que são de todas as cores.

Mas surgiu uma terrível barreira entre nós dois: ela só aceitava namorar comigo se eu fosse capaz de equilibrar um morango na ponta do nariz e de dizer o seu nome sem me enganar nem numa sílaba.

Equilibrar o morango na ponta do nariz foi canja.

— E agora diz-me lá como é que tu te chamas e vais ver como eu digo o teu nome em menos de nada!

— Eu chamo-me Ofélialibélialibelinhabichanecapatarocatrocópassobaleote.

— Oooooh... Podes dizer outra vez?

— Ofélialibélialibelinhabichanecapatarocatrocópassobaleote.

— Acho que ainda não percebi bem...

— Arre! que és mesmo burro! O meu nome é tão fácil de dizer! Vou repetir: Ofélialibélialibelinhabichanecapatarocatrocópassobaleote.

Aquilo não era um nome. Era uma espécie de polissílabo

gigante que eu não conseguia repetir. Ela virou para cima o seu olho roxo e virou para baixo o seu olho cor de laranja e olhou-me como se eu fosse um talo de couve a boiar no meio da sopa.

Senti-me muito envergonhado. E ela era mesmo muito bonita. Mas tinha o nariz todo virado para cima, o que era sinal... Sinal não sei de quê... Pelo menos era sinal de ter o nariz todo virado para cima, e um nariz todo virado para cima, já dizia a minha avó, pode ser muito perigoso.

Resolvi fazer um esforço redobrado. Se nem sequer fosse capaz de dizer o seu nome, como é que podia desejar vir a ser seu amigo ou até mesmo seu namorado?

— Repete comigo: Ofélia-libélia-libelinha-bichaneca-pata-roca-trocópasso-baleote.

Com muita dificuldade, lá tentei repetir aquele nome tão comprido e tão cheio de sílabas como nunca tinha visto nenhum assim.

— Ofélia-libélia-trispocototarote...
— Não, não, não! Ofélia-libélia-libelinha-bichaneca-pata-roca-trocópasso-baleote.
— Não seria possível arranjares um diminutivo...
— Ai, ai, ai, ai, ai, ai!!!!!

O nariz da Ofélia troco coiso Não Sei Quê estava cada vez mais virado para cima.

— Está bem, está bem. Já vi que contigo não vamos longe. Mas vou dar-te uma oportunidade. Queres um diminutivo? Cá vai um diminutivo! Podes chamar-me apenas Ofélialibélialibelinhabichanecapatarocatrocópasso!

— Mas isso é a mesma coisa, não é?
— A mesma coisa? Não senhor! Ofélialibélialibelinhabichanecapatarocatrocópasso é muito mais curto! Tirei-lhe o baleote do fim. O que é que tu queres mais?

— Mesmo assim é muito grande... Se pudesse ser um monossílabo... Ou um dissílabo... Ou mesmo um trissílabo...

Foi nessa altura que, saído sabe-se lá de onde, aproximou-se aos saltos um canguru amarelo que trazia um chapéu muito alto na cabeça.

— Bom dia, Lili! — disse o canguru.

— Bom dia, canguru! — disse a Ofélialibélialibelinhabichanecapatarocatrocópassobaleote.

O rapaz das sardas que tinham exactamente a cor das pastilhas de chocolate que têm todas as cores ficou de boca aberta.

— Eu também posso tratar-te por Lili?

— Podes, mas só até à hora de almoço.

— Então está bem, Lili – disse ele olhando para o relógio.

— Depois do almoço já cá não estou. Vou passear para o lago do Tanganika. – E ficou a repetir todo satisfeito para si mesmo: — Lili, Lili, Lili... Gosto muito mais de dissílabos do que de confusões. Assim é muito mais fácil gostar de ti, Lili!

Lili sorriu e o seu olho roxo rodou vertiginosamente para um lado e o olho cor de laranja rodou vertiginosamente para o outro.

— E tu, como é que te chamas? — perguntou ela.

— Josémanuelcatrapécaféfrancisco xico barnabélamirécapilévai daqui pr'á guinéacavalo na caixinhaderapé de Sousa e Silva. Mas como eu sou uma pessoa simples, podes tratar-me por Zé Manel.

— Zé Manel??? Isso não será muito comprido?

Olharam os dois um para o outro durante muitos minutos e segundos. De repente desataram os dois a rir ao mesmo tempo e riram tanto e as lágrimas do riso saltavam-lhes dos olhos com tanta força que tiveram de arranjar um guarda-chuva próprio para lágrimas de riso (que, como se sabe, é completamente diferente dos guarda-chuvas para lágrimas de choro).

    Depois, juntaram as sílabas todas e fizeram uma magnífica sopa de sílabas com hortelã.

    E assim acaba esta linda história. Bom dia e até amanhã.

ROMANCE DAS CATATUAS DE LISBOA

Teodora catatua
era tia de uma linda
Teolinda
também ela catatua.

Catatua e Catatia
uma sopra outra assobia
Catatia e Catatua
mais parecem capicuas
seja noite ou seja dia
seja chuva ou ventania
seja sol ou seja lua
vão andando pela rua
com seus dotes palavrantes
num chorrilho bem falante
de coisas ditas à toa.

Catatia e Catatua
uma aperta outra abotoa
vieram de muito longe
de Mombaça ou de Quiloa
de Damão ou Calcutá
das terras do patuá
e o seu falar atrevido
dá um ar mais colorido
às ruelas de Lisboa.

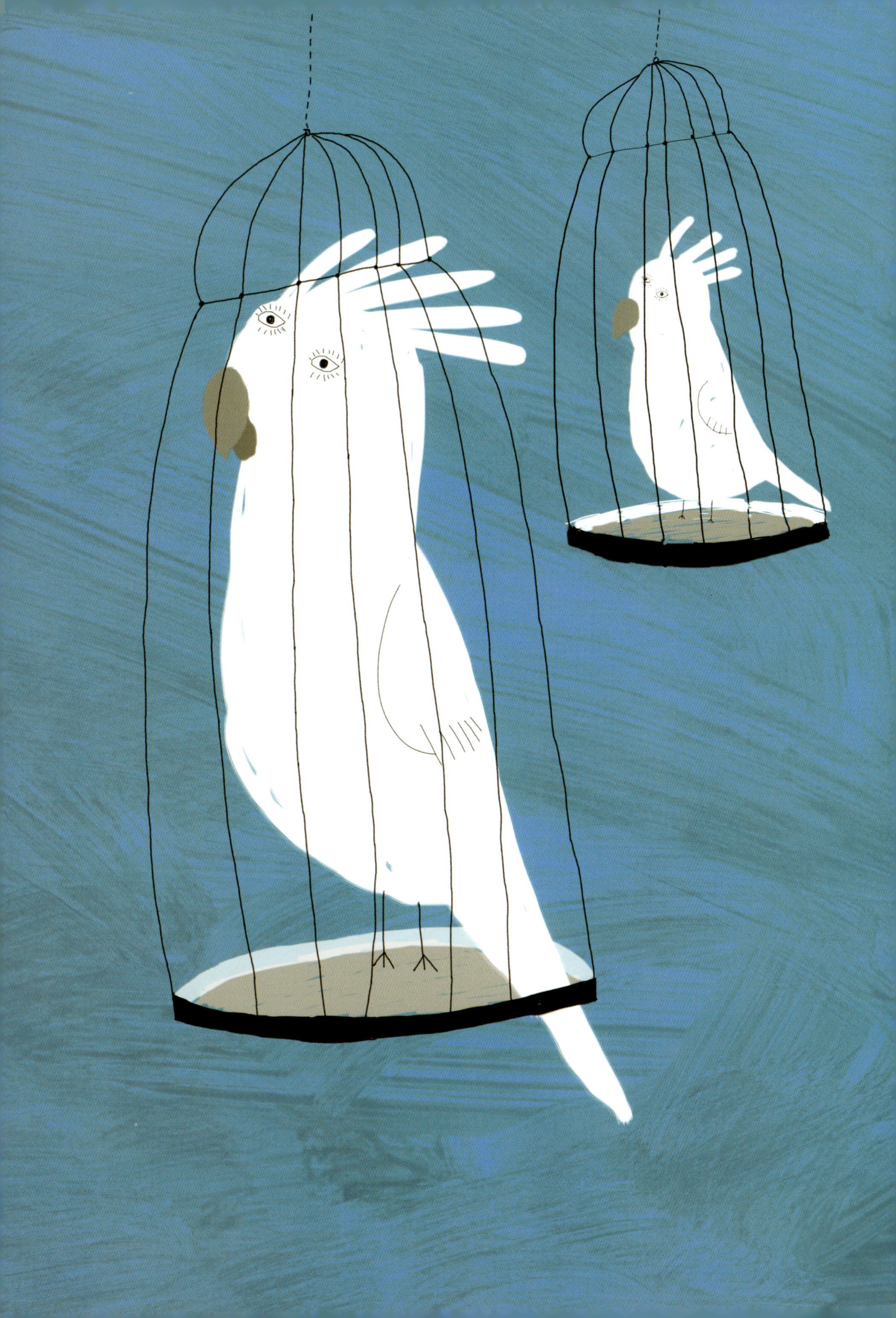

UMA CANTIGA EM MALUQUÊS

Era uma vez uma vez
esta cantiga maluca
zuca truca bazaruca
toda escrita em maluquês.

Azulada zubidélia
trinca trunca e antimónia
bata lula bulodélia
vale de pisco da parvónia.

Ciberlosa vitis válida
xara tara de tilência
a mistela da marália
deu-lhe um prato de permência.

Restilhosa ressonância
traz o trancho do tugúrio
risca o visco da vacância
morde o peso da pasmúria.

Era uma vez uma vez
esta cantiga maluca
zuca truca bazaruca
toda escrita em maluquês.

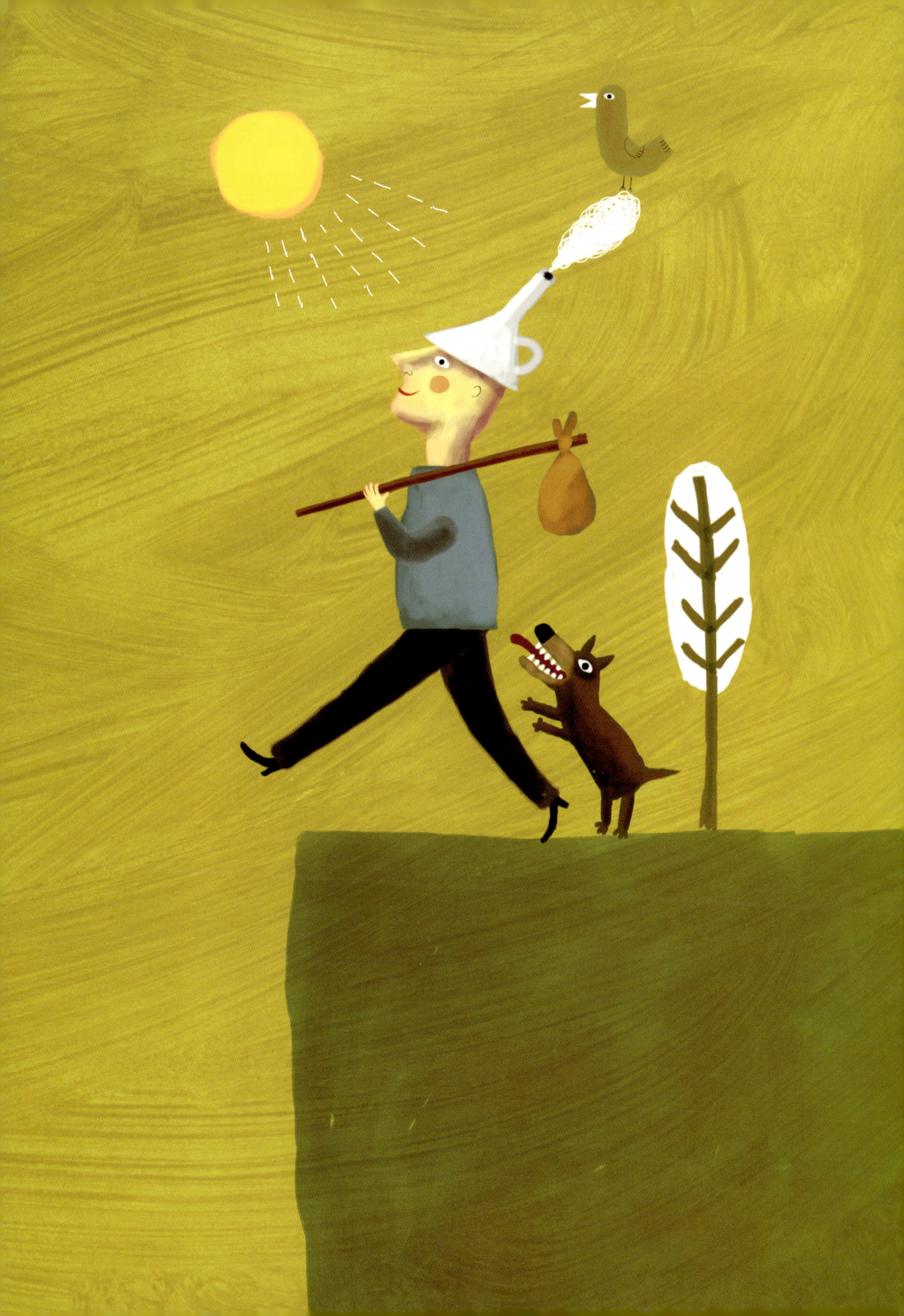

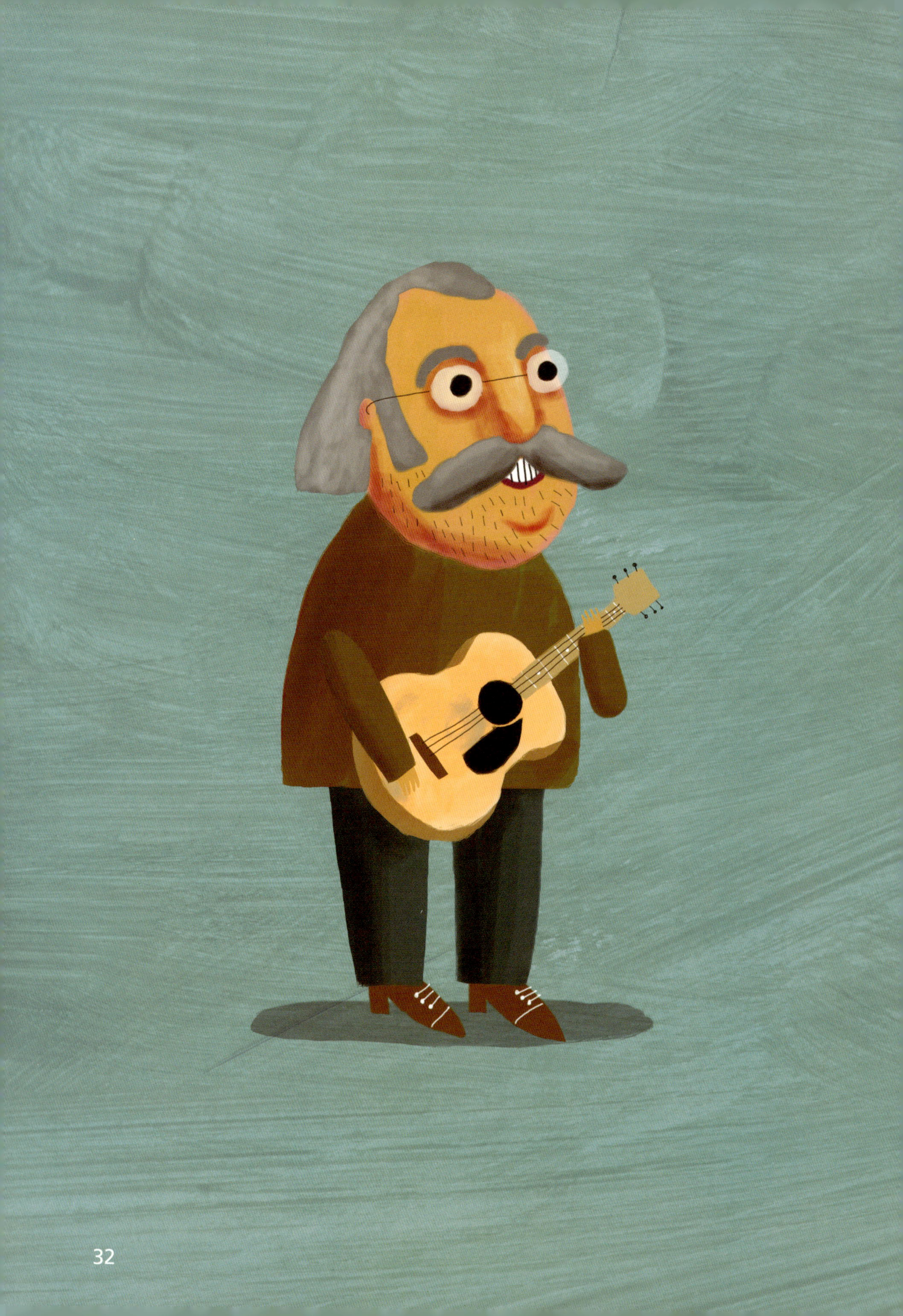

CANTIGA PARA AS MINHAS FILHAS

Minhas filhas são meu ai
minhas filhas são meu pão
o meu orgulho de pai
a minha consolação.

São asas do meu cantar
meu poema e meu refrão
são rimas deste rimar
com que faço uma canção.

E em cada verso lhes dou
mar e vento, céu e chão
mais o que sou e não sou
nas voltas do coração.

CLASSIFICAÇÃO DAS PALAVRAS QUANTO AO NÚMERO DE SÍLABAS

As palavras podem ser constituídas por uma ou mais sílabas. Conforme o número de sílabas, as palavras classificam-se em:

monossílabo – palavra constituída por uma só sílaba (um, foi);
dissílabo — palavra constituída por duas sílabas (roxo, nome);
trissílabo — palavra constituída por três sílabas (amigo, girafa);
polissílabo — palavra constituída por mais de três sílabas (jacarandá, oportunidade).

Os elementos que formam uma sílaba não se podem separar. Quando não há espaço na linha para escrevermos a palavra inteira, podemos dividi-la em duas partes. Essa separação (translineação) é marcada por um hífen (-) e obedece às regras de silabação. Mas há regras que convém lembrar:

Podem separar-se	Não se separam
— as consoantes iguais (gar-rafa; pro-tec-ção). — os grupos de consoantes que pertencem a sílabas diferentes (pis-cou). — a sequência de vogais que pertencem a sílabas diferentes (Co-im-bra).	— as vogais que formam ditongos (mui-to). — os dígrafos ch, nh, lh (ga-li-nha). — duas consoantes que iniciam uma sílaba (cir-cun-fle-xos). — as vogais e os ditongos situados depois de qu- ou gu- (má-qui-na).

— nas palavras em que há um hífen e este coincide com o fim da linha, repete-se o hífen no início da linha seguinte (guarda- / -chuva, puxá- / -lo).
— devemos evitar escrever uma só vogal no início ou no fim da linha (**a**-gu-do, ba-lei-**a**).

CLASSIFICAÇÃO DAS PALAVRAS QUANTO À POSIÇÃO DA SÍLABA TÓNICA

Todas as palavras têm uma sílaba que se pronuncia com mais intensidade, isto é, sobre a qual recai o acento tónico; é a **sílaba tónica**. As restantes sílabas chamam-se sílabas átonas.

Conforme a posição da sílaba tónica, as palavras classificam-se em:
aguda — o acento tónico recai na última sílaba da palavra (Be**lém**, pe**ru**);
grave — o acento tónico recai na penúltima sílaba da palavra (gi**ra**fa; **lá**pis);
esdrúxula — o acento tónico recai na antepenúltima sílaba da palavra (**mú**sica).

ACENTUAÇÃO GRÁFICA

A sílaba tónica das palavras pode ser marcada por um acento gráfico.

Em português, os **acentos gráficos** usados são três:

acento agudo (´) – assinala a sílaba tónica com vogal aberta (**á, é, ó**) ou com **i** ou **u**, quando as regras o impõem (está, música);

acento grave (`) – assinala a vogal que resulta da contracção de uma preposição com um determinante ou pronome (a + aquele → àquele). Não assinala a sílaba tónica.

acento circunflexo (^) – assinala a sílaba tónica com vogal média (**â, ê, ô**), quando as regras o impõem (residência, avô).

O til (~) é um sinal auxiliar e indica que é nasal a vogal ou o ditongo em que se usa. O til pode, ou não, ocorrer na sílaba tónica (Simão, sótão).

REGRAS DE ACENTUAÇÃO GRÁFICA

Acentuam-se graficamente:

palavras esdrúxulas	— todas as palavras esdrúxulas (música, lâmpada).
palavras graves:	— terminadas em **l, n, r, x, ps** (fácil, hífen, açúcar, tórax, bíceps); — terminadas em **i** ou **u**, seguido ou não de **s** (lápis, vírus); — terminadas em **ditongo oral**, seguido ou não de **s** (túneis, pónei); — terminadas em **vogal nasal** ou **ditongo nasal**, seguido ou não de **s** (órfã, órfão, álbum, álbuns); — com a vogal tónica **i** ou **u** que não forme ditongo com a vogal anterior (saída, saúda), excepto nos casos em que a vogal constitui sílaba com a consoante seguinte (Coimbra, saindo).
palavras agudas:	— terminadas em **a, e, o**, seguido ou não de s (café, avós, avô, pá); — as formas verbais que, usadas com os pronomes lo/la/los/las, passam a terminar com a vogal tónica **a, e** ou **o** (fazê-lo, contá-lo, pô-lo). — terminadas em –**em** ou –**ens**, com mais de uma sílaba (armazém, parabéns); — terminadas em **eis**, que são o plural de palavras terminadas em **el** (anéis, pincéis); — terminadas em ditongo oral aberto, seguidas ou não de **s** (chapéus, lençóis); — terminadas em **i** ou **u**, seguidas ou não de **s**, que não formem ditongo com a vogal anterior (país, baú).

Nos belos textos deste livro encontras palavras agudas, graves e esdrúxulas, palavras com muitas e poucas sílabas, palavras com e sem acento gráfico. Escolhe as palavras que aches mais bonitas, mais divertidas, mais curtas ou mais compridas, mais usadas ou menos usadas... e diverte-te a analisá-las e a classificá-las.

Boa leitura!
Dra. Maria da Conceição Vieira da Silva
Consultora pedagógica da Colecção Gramofone

Título — Esdrúxulas, Graves e Agudas, Magrinhas e Barrigudas
Autor — José Fanha
Ilustração — Afonso Cruz
© 2010, José Fanha (texto), Afonso Cruz (ilustração)
© 2010, Texto Editores

DESIGN E PAGINAÇÃO — Panóplia ®
REVISÃO — Texto Editores
CONSULTORIA E TEXTOS PEDAGÓGICOS — Dra. Maria da Conceição Vieira da Silva
PRÉ-IMPRESSÃO — Leya, S.A.
IMPRESSÃO E ACABAMENTOS — CEM

1.ª Edição: Setembro de 2010
Depósito Legal: 314 239/10
ISBN: 978-972-47-4051-5
Reservados todos os direitos.

Texto Editores
Uma editora do Grupo Leya
Rua Cidade de Córdova, n.º 2
2610-038 Alfragide
www.textoeditores.com
www.leya.com

SPAUTORES
SOCIEDADE PORTUGUESA DE AUTORES
09361010000300010096

É proibida a reprodução desta obra por qualquer meio (fotocópia, *offset*, fotografia, etc.) sem o consentimento escrito da Editora, abrangendo esta proibição o texto, os desenhos e o arranjo gráfico. A violação destas regras será passível de procedimento judicial, de acordo com o estipulado no Código do Direito de Autor e dos Direitos Conexos.

gramofone

Texto